Die Gebete der Demut

Francis Jammes

(Editor:Ernst Stadler)

Alpha Editions

Contents

GEBET ZUM GESTÄNDNIS DER UNWISSENHEIT........- 1 -

GEBET, MIT DEN ESELN INS HIMMELREICH EINZUGEHN ....- 3 -

GEBET, UM GOTT EINFÄLTIGE WORTE ANZUBIETEN ....- 5 -

GEBET, DASS EIN KIND NICHT STERBE........- 7 -

MEIN NIEDRER FREUND . . ..- 8 -

AMSTERDAM........- 9 -

ICH WAR IN HAMBURG........- 12 -

DIE KIRCHE, MIT BLÄTTERN GESCHMÜCKT ....- 16 -

DIE TAUBE . . ..- 17 -

GEBET ZUM GESTÄNDNIS DER UNWISSENHEIT

Hernieder, steige hernieder in die Einfalt, die Gott will!
Ich habe den Wespen zugesehen, die im Sand ihr Nest gebaut.
Tu so wie sie, gebrechlich krankes Herz: sei still,
Schaffe dein Tagwerk, das Gott deinen Händen anvertraut.
Ich war voll Hoffart, die mein Leben falsch gemacht.
Anders als alle andern meinte ich zu sein:
Jetzt weiß ich, o mein Gott, daß nie ich anderes vollbracht
Als jene Worte niederschreiben, die die Menschen sich erfanden,
Seitdem zuerst im Paradies Adam und Eva aufgestanden
Unter den Früchten, die im Lichte unermeßlich blühten.
Und anders bin ich nicht als wie der ärmste Stein.
Sieh hin, das Gras steht ruhig, und der Apfelbaum senkt schwer
Bebürdet sich zur Erde, zitternd und in liebendem Verlangen —
O nimm von meiner Seele, da so vieles Leiden über mich ergangen,
Die falsche Schöpferhoffart, die noch immer in ihr liegt.
Nichts weiß ich ja. Nichts bin ich. Und nichts will ich mehr
Als bloß zuweilen sehen, wie ein Nest im Wind sich wiegt
Auf einer rötlichen Pappel oder einen Bettler über helle Straßen hinken,
Mühselig, an den Füßen Risse, die im Staube blutig blinken.
Mein Gott, nimm von mir diese Hoffart, die mein Leben giftig macht.
Gib, daß ich jenen Widdern ähnlich sei auf ihrer Weide,
Die immer gleich, aus Herbstes Schwermut, demutsvoll gebückt,
Zur Frühlingsfeier wandeln, die mit Grün den Anger schmückt,
Gib, daß im Schreiben meine Hoffart sich bescheide:
Daß endlich, endlich ich bekenne, daß mein Herz den Widerhall
Nur tönt der ganzen Welt, und daß mein sanfter Vater mir

Geduldig nur die Kinderregeln beigebracht.
Der Ruhm ist eitel, Herr, und Geist und Schaffen leerer Schall —
Du einzig hast sie ganz und gibst sie an die Menschen fort,
Die aber schwatzen immer bloß dasselbe Wort
Gleich einem Bienenschwarme, der durch sommerdunkle Zweige zieht.
Gib, daß, wenn heute früh ich mich vom Pult erhebe,
Ich jenen gleiche, die an diesem schönen Sonntag zu dir gehn
Und in der armen weißen Kirche, vor dich hingekniet,
Demütig lauter ihre Einfalt und Unwissenheit gestehn.

GEBET, MIT DEN ESELN INS HIMMELREICH EINZUGEHN

Wenn einst zu dir, mein Gott, der Ruf zu gehn mich heißt,
Dann gib, daß feiertäglich rings das Land im Sommerstaube gleißt.
Ich will nur so, wie ich getan hinieden,
Einen Weg mir wählen und für mich in Frieden
Ins Himmelreich hinwandeln, wo am hellen Tag die Sterne stehn.
Ich greife meinen Stock und auf der großen Straße will ich fürbaß gehn
Und zu den Eseln, meinen Freunden, sprech ich dies:
„Hier, das ist Francis Jammes: der geht ins Paradies,
Ins Land des lieben Gottes, wo es keine Hölle gibt,
Kommt mit mir, sanfte Freunde, die ihr so die Himmelsbläue liebt,
Arme geliebte Tiere, die mit einem kurzen Schlagen
Des Ohrs die Fliegen und die Prügel und die Bienen von sich jagen."
Dann will inmitten dieser Tiere ich mich vor dir zeigen,
Die ich so liebe, weil den Kopf so sänftiglich sie neigen
Und ihre kleinen Füße aneinanderstemmen, wenn sie stille stehn,
Recht voller Sanftmut, daß es rührend ist, sie anzusehn.
So tret ich vor dich hin in dieser tausend Ohren Zug,
Gefolgt von solchen, denen einst der Korb um ihre Lenden schlug,
Und denen, die im Joch der Gauklerkarren gingen,
Und vor geputzten Wagen, die voll Flittergold und Federn hingen,
Und solchen, über deren Leib verbeulte Kannen schwankten,
Und trächtigen Eselinnen schwer wie Schläuche, die zerbrochnen Schrittes wankten,
Und denen, über deren Bein man kleine Hosen streift,
Die Fliegen abzuwehren, deren Schwarm vom Blute trunken sie umschweift
Und ihrem Leib die blauen, sickernd offnen Male läßt —
Laß mich, mein Gott, mit diesen Eseln zu dir schreiten,

Gib, daß einträchtiglich die Engel uns geleiten
Zu den umbuschten Bächen, wo im Winde zitternd Kirschen hangen,
So glatt und hell wie Haut auf jungen Mädchenwangen,
Und gib, daß ich in jenem Seelenreiche,
Zu deinen Wassern hingebeugt, den Eseln gleiche,
Die alle sanfte, arme Demut ihres Gangs auf Erden
Im lautern Quell der ewigen Liebe spiegeln werden.

GEBET, UM GOTT EINFÄLTIGE WORTE ANZUBIETEN

Gleich jenem Bilderschnitzer, den ich heute Morgen sah, besorgt und still
Im klaren Lichte sich auf seine Arbeit bücken,
Heilige schnitzend für die Kanzel seines Dorfes: also will
In meine Seele ich die frommen Bilder drücken.
Er rief zu seiner armen Schnitzbank mich heran,
Sein hölzern Werk zu sehn, und lange stand ich so davor
Und sah den Löwenkopf zu Füßen von Sankt Markus und den Aar
Zu Füßen von Johannes und Sankt Lukas in den Händen
Ein offnes Buch, darin die heiligen Regeln ständen.
Des Bildners Linke hatte übern Meißel sich gestreckt,
Die Rechte, aufgehoben, hielt noch zaudernd einen Hammer ausgestreckt.
Draußen auf Schieferdächern tanzte Mittagsluft in blauen Lichtern,
Von welkenden Basilien stieg ein frommer Weihrauchduft empor
Zu all den plumpen Heiligen mit den eckigen Gesichtern.
Mein Gott, so schöne heilige Arbeit haben meine Hände nicht bestellt.
Du wolltest nicht, o Gott, daß ich zu dieser Welt
In armer Stube käme, nah dem Fenster, wo zur Nacht
Die Kerze tanzend vor den grünen Scheiben wacht.
Und wo vom frühen Morgen an die hellen Hobel gehn.
Mein Gott, wie gerne hätt' ich meine Heiligenbilder dir gebracht.
Und all die zarten Kinder, die am Heimweg von der Schule sie gesehn,
Ständen vor meinen weisen Königen entzückt,
Die Gold und Weihrauch spendeten und Elfenbein.
Und neben den drei Königen aus Morgenland
Schnitt ich ins Holz so wie aus Weihrauch eine Wolke ein,
Und hätte rings mein Bild mit Lilienkelchen ausgeschmückt,
Demütig schön wie Trinkgefäße, die ich in der Armen Stuben fand.

Mein Gott, da immer noch mein Herz sich quält und fragt,
Ob es in rechter Demut sich dir nahe,
Nimm diese schlicht einfältigen Worte von mir an
Statt eines Kanzelstuhls, darin die reine Magd
Von früh bis spät Fürsprach mir hätt' getan.

GEBET, DASS EIN KIND NICHT STERBE

Mein Gott, erhalte seinen Eltern dieses zarte Kind,
Wie du wohl auch ein Kraut erhältst im bösen Wind.
Was macht es dir denn aus — da doch die Mutter weint und fleht —,
Wenn es sogleich noch nicht zu dir hinübergeht
Als wie nach einem Spruch, der nicht zu ändern war?
Schenkst du ihm jetzt das Leben, wird es nächstes Jahr
Dir Rosen streun am sonnigen Fronleichnamstag!
Doch bist du ja allgütig. Und du bist es nicht,
Der Todesbläue ausgießt auf ein rosiges Gesicht,
Es wäre denn, du wolltest Heimatlosen eine Wohnstatt geben,
Wo bei den Müttern immerfort die Söhne leben.
Doch warum hier? Ach, da die Stunde schlägt,
Gedenke, Herr, vor diesem Kind, das sich zum Sterben legt,
Daß um die Mutter immer dir zu weilen ward gegeben.

MEIN NIEDRER FREUND . . .

Mein niedrer Freund, mein treuer Hund, nun littest du den Tod,
Vor dem du oft so wie vor einer bösen Wespe dich versteckt,
Die dich bis untern Tisch, wo du dich bargst, bedroht.
Dein Kopf, in dieser kurzen Trauerstunde, hat sich zu mir aufgereckt.
Alltäglicher Gefährte, Wesen benedeiter Art,
Du, den der Hunger stillt, sobald dein Herr ihn teilt,
Der mit Tobias und mit Raphael hinausgeeilt,
Da sie zusammen sich aufmachten auf die Pilgerfahrt.
Getreuer Knecht: du sollst mir hohes Beispiel sein.
Du, der an mir so wie an seinem Gott ein Heiliger hing.
All deine dunkle Klugheit, die wir nie begriffen, ging
Lebendig nun in einen fröhlich unschuldsvollen Himmel ein.
Soll mir dereinst, mein Gott, die Gnade werden,
Dich anzuschaun von Angesicht zu Angesicht am jüngsten Tag,
Gib, daß ein armer Hund ins Angesicht dem schauen mag,
Der immer schon sein Gott ihm war auf Erden.

AMSTERDAM

Die Häuser, spitzgegiebelt, scheinen sich zu neigen,

Als wollten sie fallen. Masten vieler Schiffe, die dem Grau des Himmels sich vermischen,

Lehnen vornüber wie Gestrüpp von dürren Zweigen

Inmitten von grünem Laub, von Rot und rostigem Braun,

Von Kohlen, Widderfellen und gesalznen Fischen.

Robinson Crusoe hat einst durch Amsterdam den Weg genommen

(So glaub ich wenigstens), da er von seiner grünen

Schattigen Insel, wo die frischen Kokosnüsse blühten, heimgekommen.

Wie schlug das Herz ihm, da er plötzlich vor sich nah

Die mächtigen Türen mit den schweren Bronzeklöppeln sah! . . .

Schaute er voll Neugier in die Halbgeschosse, wo in Reihen

Die Schreiber sitzen, in ihr Rechnungsbuch versenkt?

Kam ihn die Sehnsucht an, zu weinen, da er an den Papageien

Dachte, den er so liebte, und den schweren Sonnenschirm,

Der auf der traurigen und gnadenreichen Insel oft ihm Schutz geschenkt?

Ach, deine Wege, Herr, so rief er aus, sind wunderbar!

Da all die Kisten mit den Tulpenmustern auf den Gassen

Sich vor ihm stauten. Doch sein Herz vom Glück der Wiederkehr beschwert,

Dachte der Ziege, die im Weinberg seiner Insel er allein zurückgelassen,

Und die vielleicht nun schon gestorben war.

Dies alles fiel mir ein vor den ungeheuren Frachten im Hafen,

Und ich sah im Geist die alten Juden, die an schwere Eisenwagen

Mit knochigen Fingern rühren, über denen grüne Ringe glänzen.

O sieh! Amsterdam will unter weißen Wimpern von Schnee entschlafen

In den Geruch von Nebel und von bitterer Kohle eingeschlagen.

Die gewölbten weißen Buden, wo zur Nacht die Lampe glimmt,

Und aus denen man den Ruf und das Pfeifen der schweren Frauen
vernimmt,
Hingen gestern im Abend wie Früchte, wie große Kürbisschalen.
Man sah Plakate blau und rot und grün im Licht aufstrahlen.
Von gezuckertem Bier ein scharf prickelnder Duft
Lag mir auf der Zunge und war mir ins Gesicht gestiegen.
Und in den Judenvierteln, die rings voller Abfälle liegen,
Stand der Geruch von kalten rohen Fischen.
Auf dem klitschigen Pflaster lagen Orangenschalen umhergezerrt.
Ein aufgedunsener Kopf hielt weite Augen aufgesperrt.
Ein Arm, der Reden hielt, schwang Zwiebeln in der Luft.
Rebekka, du verkauftest an den schmalen Tischen
Schwitzendes Zuckerzeug, armselig hergerichtet . . .
Der Himmel strömte wie ein unsichtbares Meer
Wolken von Wellen in die starrenden Kanäle.
Stille lag auf der Handelsstadt und stieg, ein unsichtbarer Rauch,
Feierlich von den starken hohen Dächern her
Und Indien trat beim Anblick dieser Häuserreihn vor meine Seele.
Oh, und ich träumte, daß ich so ein Handelsherr einst war,
Von denen, die aus Amsterdam in jenen Tagen
Gen China segelten und vor ihrem Gehn
Die Hut des Hauses einem treuen Diener aufgetragen.
Ganz so wie Robinson hätt ich vor dem Notar
Die Vollmachtschrift umständlich mit der Unterschrift versehn.
Meine strenge Rechtlichkeit hätt' meinen Reichtum aufgebaut.
Mein Handel hätte geblüht so wie im Mondenschein
Ein Lichtstrahl, der am Schnabel meines runden Schiffes säße.
Die großen Herren von Bombay gingen bei mir aus und ein
Und hätten mit heißem Blick auf mein kräftig schönes Weib geschaut.
Ein Mohr mit goldnen Ringen, vom Mogul entsandt,

Käme zu handeln, lächelnd unter seinem Sonnenschirm!

Bei seinen wilden Geschichten hätte meiner schlanken Ältesten Herz gebebt,

Und zum Abschied hätte er ihr ein Gewand

Geschenkt, rubinenfarben, von Sklavenhänden gewebt.

Die Bilder meiner Lieben hätt' ich dann nachher

Bei einem armen geschickten Maler bestellt:

Mein Weib, mit hellen rosigen Wangen, schön und schwer,

Die Söhne, deren starke Jugend alle Welt

Entzückte und der Töchter Anmut, mannigfalt und rein.

Und also wär' ich heute, statt ich selbst zu sein,

Ein andrer und auf meinen Reisen im Vorübergehn

Hätt ich mir wohl das altehrwürdige Haus besehn,

Und meine Seele hätte träumend gebebt

Vor den schlichten Worten: Hier hat Francis Jammes gelebt.

ICH WAR IN HAMBURG

„Ich war vier Monde in Hamburg, dann im Haag.
Ich nahm das Schiff nach London. Es lag
Am 10. Jänner 1705 im Hafen. In zehen Jahren
Und neun Monaten war ich nicht daheim. Zu einer größern Reise auszufahren,
Rüst ich mich nun . . mit meinen zweiundsiebenzig Jahren,
Nach einem Leben reich gesegnet mit Abenteuern und Gefahren.
Ich ward genug umhergeschüttelt und verschlagen,
Zu lernen, wie süß es ist, sein Leben in der Stille auszutragen."

So steht's geschrieben auf dem letzten Blatt
Von Robinson Crusoes Geschichte. Ein Duft wie von Muskatsträuchern hat
Von seinem wunderbar geblümten Rock sich losgemacht.
Das ferne Gewitter, das wie eine alte Schiffskanone kracht,
Läßt Albions Veste erzittern. Und auf dem Bild, darauf mein Auge blickt,
Sieht man den alten Seehelden, wie er über der Bibel sinnt und Dankgebete zum Himmel schickt.
Mitten auf dem Tische das Fernrohr steht,
Mit dem er einst die Spur der nackten Füße erspäht
An die Wand gelehnt friedlich beieinander weilen
Der Sonnenschirm und die Mütze aus Ziegenfell und der Bogen mit den Pfeilen
Und die Axt zum Entern und das Seemannsschwert.
Hier das Medaillon von Freitag. Und nahe dabei,
Gegen die Karte der verlassenen Insel gekehrt,
Ein Strohkäfig mit einem sehr grünen Papagei.
Wie du, Robinson, hab ich Sturm und Gewitter ertragen,
Sah, wie du, über meinem Kopf das Meer zum Himmel aufschlagen

In bleigrauen Wellenbergen. So wühlte
Der Orkan meiner Liebe, der das Deck überspülte,
Und warf mich auf die Knie und höhnte. Crusoe, Crusoe, das Meer
Und die Liebe sind Geschwister von altersher
Und beide glühen aus dörrenden Sonnen Brand
Auf unser Herz und höhlen es aus gleich einer Muschel am Strand.
Und die Taue knirschen und singen wie die Fraun,
Und in unserm Blut ist diese schwarze See, die schwillt
Und uns mit dem bittern Rauschen ihrer Wasser füllt.
Alter englischer Freund! Du warst der klügere, traun!
Von uns beiden. Denn wo auch dein Fahrzeug Schiffbruch litt,
Immer hattest du sauber geschnürt dein Bündel mit:
In Juan Fernandez und am Cap
Der guten Hoffnung. Klug und sorglich. O, ich hab'
Sie lieb, diese nüchterne und praktische Poesie,
Und ich liebe, Crusoe, deine Witwe, die,
Während du in der Ferne weiltest, dein Hab und Gut verwahrt.
Nun darfst du, da sie all die Jahre für dich gespart,
Friedlich die Tage, die dir noch bleiben,
In dem lieben grauen Hause wohnen, das meine Verse zu Anfang beschreiben.
Nichts hast du auf deiner Insel vergessen, alles ist wie immer zur Stell':
Der Sonnenschirm und die Mütze aus Ziegenfell.
Was ich heimgebracht habe? — so wirst du fragen, —
Von der wüsten Insel, von der mich das Schicksal zurückgetragen?
Nichts, keine Ankerboje, keinen Käfig für die Hühner, nicht ein einzig kleines Ding.
Still! Laß dir erzählen, wie es geschah, daß mich die Brandung fing.
Es war im sanften April, wo der Frühling wie ein Meer
Sich den Vögeln auftut, verwegnen Ceylonschwimmern,

Die nach Perlen tauchen, die aus weißblauen Luftabgründen schimmern:
Rotkehlchen, Amseln, Lerchen und Nachtigallen —
Man hörte, von den Gärten der kleinen Häuser her,
Wie das Herz des Flieders aufbrach über den roten Pfirsichkorallen.
Oh, ich habe nicht an jene andern Korallen gedacht,
Die einst die goldne Perusa und ihren Stolz zu Falle gebracht.
Die Liebe und der Himmel und die Erde lagen, so schien es, im Traum beisammen.
Selig wie eine Nacht der Nächte sank die Nacht.
Aber bald begann das Duften der Obstblüte brünstiger aufzuflammen.
Da hab ich, Robinson, alle Gefahren vergessen
Des vergangenen Lebens und habe vermessen
Und unbedacht des Spruchs der Alten, die in ihren Rahmen träumen,
Nur begierig, ein neues Geschwader in den Wellen aufschäumen
Zu sehen, den Kompaß meines liebetollen Herzens hinausgedreht
Nach einer Insel, die schwer und ernst wie der Tag in den Wassern steht.
Die Insel war verzaubert und war nichts als ein Weib.
Die Stimme ihrer Vögel machte mich ihr zu eigen.
Andere haben mich betört mit Feuer und Vulkan.
Oh, ich liebte, Crusoe, die Berge, die von Yucatan
Unterm Meer fortlaufen, bis sie in den Antillen wieder zum Licht aufsteigen.
Mein Geschlecht hat unter jenen Mädchen gelebt, die mit ihren Händen
Die Flammen im Busen bedecken und lange Abschiedsküsse senden.
Aber hier hat mich nicht das Feuer, hier hat mich der Schnee versehrt,
Oh, ein Schnee, den kein hungriger Blitz jemals verzehrt,
Schnee, dessen klare Augen die unbewegte Macht
Des Feuers spiegeln, das ein Hirt im Winter mitten zwischen dem Eis entfacht.
O Crusoe, dies ist die Insel der wildesten Schrecken,

Denn mit ihrer Kälte weiß sie die Flammen in deinem Busen zu wecken.
Wie es geschah, daß ich dennoch heil die Flucht genommen?
O Freund, Virgil allein verstünde hier zu entkommen.
Denn der ganze große Ozean hält nicht so fest
Wie die eine sanfte Welle, die mich umschlang und nicht von sich läßt.
Jetzt denk ich wie du, mein Crusoe,
Daß es gut ist, in seinem Zimmer zu träumen!
Mein Kaffeekessel summt mir wie ein englischer Roman im Ohr.
Ich habe Liebesbriefe, die singen mir ihre Sehnsucht vor —
So hat dir, Crusoe, der große Ozean gesungen,
In dessen Reich deine herrliche Seele gedrungen.
Werd ich eines Tages wieder hinausziehn? Wer will es sagen?
Und dennoch sehn ich mich so, noch einmal die Arme zu schlagen
Um jene weiße Boje Weib und auf erregten Meeren
Inmitten hoher Wellen lachend wiederzukehren.
Alle Vögel dieses Märzmondes laden mich zur Liebe ein.
Heut' Morgen, beim Erwachen, da sie die neuen Weisen probten, drang ihre Stimme zu mir herein.
Ein Sperling sprach mir lange zu. Was soll ich tun?
O kleine Vögel ihr, Rotkehlchen meiner Seele, euerm Sang
Kann ich nicht folgen . . . oder, ach! mir ist zu folgen bang.
Die Sträucher sind zu grün. Ich würde eure Lust beengen . . .
Erst müssen Schatten sich über die Wälder hängen.

DIE KIRCHE, MIT BLÄTTERN GESCHMÜCKT

Der Dichter ist in seiner Seele Wald allein.
Sein Herz ist matt vom langen Weg und schwer von Harme.
Er wartet, ach vergebens! unter der Lianen Spiegelschein
Und blauen Balsamblumen auf den guten Samariter, der sich sein erbarme.
Er fleht zu Gott. Der schweigt. Da hält sein Jammer sich nicht mehr.
Schmerz lastet auf ihm wie Gewitterschlag so schwer.
„Gib Antwort, Herr, was hat dein Wille über mich erkannt?
Aus deiner Freude selbst bin ich verbannt.
Wie ausgedörrt leb' ich in meinem großen Leid.
O kehre wieder! Gib mir doch die Munterkeit
Des Vogels, der sich singend dort im Herzen dieses Sandbeerbaumes regt
—
Was will dein Zürnen mir, daß es mich so in Stücke schlägt?"
„Ich pflüge deine Seele. Sei geduldig, Kind!
Du leidest, weil mein Herz mit dir gerecht zu sein mich heißt.
Laß mich in deiner Seele wohnen, immer . . . dann noch, wenn der Wind
Die letzten Rosen von den Sträuchern reißt.
Geh nicht von mir. O sieh, ich brauche dich und deine Qual.
O mein geliebter Sohn. Ich brauch' die Tränen die in deinen Augen stehn.
Ich brauche einen Vogel, mir zu singen überm Kreuzespfahl.
Rotkehlchen meiner Seele, willst du von mir gehn?"
„Mein Gott, auf deiner Stirne, die den Kranz von Dornen trägt,
Will ich dir singen durch dein langes Todesgraun.
Doch wenn die Schreckenskrone dann in Blüten schlägt,
Verstatte du, mein Gott, dem Vogel, dort sein Nest zu baun."

DIE TAUBE . . .

Die Taube, die den Zweig des Ölbaums hält,
Das ist die Jungfrau, die den Frieden bringt der Welt.
Das Osterlamm, das man zur Schwelle trägt,
Wird einst zum Lamme, das ans Kreuz man schlägt.
Nur Stück um Stück wird das Geheimnis offenbar.
Der brennende Busch ertönte, ehe Pfingsten war.
Vor Noahs Arche schwamm die Kirche auf der Wasserflut,
Und Noah schwamm darauf, eh Moses drüber hat geruht;
Moses war überm Wasser, ehedenn Sankt Peter war:
Von Stund zu Stunde reiner macht das Licht sich offenbar.

This edition published in 2022

ISBN : 9789356704107

Design and Setting By
Alpha Editions
www.alphaedis.com
Email - info@alphaedis.com